CB070186

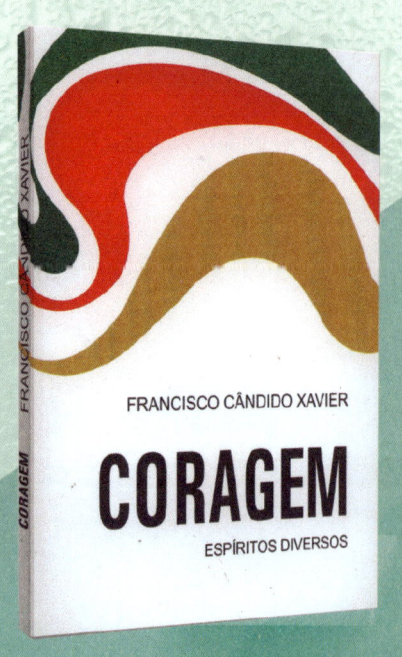

Primeira edição de 1972

FRANCISCO CÂNDIDO XAVIER

CORAGEM

Espíritos Diversos

EDIÇÃO CEC
COMUNHÃO ESPÍRITA CRISTÃ
Rua Prof. Eurípedes Barsanulfo, 185
UBERABA — MG

ESCLARECIMENTO AO LEITOR

Esta nova edição procura contemplar os textos dos diversos autores espirituais, psicografados por Francisco Cândido Xavier, conforme registrado na primeira edição, arquivada e disponível para consulta nos acervos da FEB (Patrimônio do Livro e Biblioteca de Obras Raras).

Dessa forma, as modificações ocorrerão apenas no caso de haver incorreção patente quanto à norma culta vigente da Língua Portuguesa no momento da publicação, ou para atender às diretrizes de normalização editorial previstas no Manual de Editoração da FEB, sem prejuízo para o conteúdo da obra nem para o estilo do autor espiritual.

Quando se tratar de caso específico que demandar explicação própria, esta virá como nota de rodapé, para facilitar a compreensão textual.

Para a redação de cada nota explicativa, sempre que necessário foram consultados especialistas das áreas afetas ao tema, como historiadores e linguistas.

A FEB reitera, com esse procedimento, seu respeito às fontes originais e ao fenômeno mediúnico de excelência que foi sempre a marca registrada do inesquecível médium Francisco Cândido Xavier.

FEB EDITORA

Brasília (DF), 2 de setembro de 2022.

CHICO XAVIER

Por Espíritos diversos

Em cada página uma lição
de VIDA SUPERIOR

CORAGEM

Copyright © 2022 by
FEDERAÇÃO ESPÍRITA BRASILEIRA – FEB

Direitos licenciados pela Comunhão Espírita Cristã à Federação Espírita Brasileira
COMUNHÃO ESPÍRITA CRISTÃ - CEC
Rua Professor Eurípedes Barsanulfo, 157/185 - Parque das Américas
CEP 38045-040 - Uberaba (MG) - Brasil

1ª edição – 3ª impressão – 7,5 mil exemplares – 9/2024

ISBN 978-65-5570-499-0

Esta obra foi revisada com base no texto da primeira edição de 1972.

Todos os direitos reservados. Nenhuma parte desta publicação pode ser reproduzida, armazenada ou transmitida, total ou parcialmente, por quaisquer métodos ou processos, sem autorização do detentor do *copyright*.

FEDERAÇÃO ESPÍRITA BRASILEIRA – FEB
SGAN 603 – Conjunto F – Avenida L2 Norte
70830-106 – Brasília (DF) – Brasil
www.febeditora.com.br
editorial@febnet.org.br
+55 61 2101 6161

Pedidos de livros à FEB
Comercial
Tel.: (61) 2101 6161 – comercial@febnet.org.br

Adquirindo esta obra, você está colaborando com as ações de assistência e promoção social da FEB e com o Movimento Espírita na divulgação do Evangelho de Jesus à luz do Espiritismo.

Dados Internacionais de Catalogação na Publicação (CIP)
(Federação Espírita Brasileira - Biblioteca de Obras Raras)

X3c Xavier, Francisco Cândido, 1910-2002

    Coragem / por Espíritos diversos ; [psicografado por] Francisco Cândido Xavier. – 1. ed. – 3. imp. – Brasília: FEB; Uberaba: CEC, 2024.

    240 p.: 13cm

    Inclui índice geral

    ISBN 978-65-5570-499-0

    1. Espiritismo. 2. Obras psicografadas. I. Xavier, Francisco Cândido, 1910–2002. II. Federação Espírita Brasileira. III. Título.

                  CDD 133.93
                  CDU 133.7
                  CDE 80.03.00

SUMÁRIO

Coragem, *Emmanuel* 11

1 | Quando o tédio apareça, *Emmanuel* 15

2 | Males pequeninos, *Albino Teixeira* 21

3 | Cultivando paciência, *Albino Teixeira* 23

4 | Tuas dificuldades, *Emmanuel* 27

5 | Presença de luz, *Emmanuel* 31

6 | Nunca sem esperança, *Meimei* 35

7 | Pergunta espírita, *Albino Teixeira* 39

8 | Decálogo do bom ânimo, *André Luiz* 43

9 | Na hora da caridade, *Emmanuel* 47

10 | Nossa casa, *Emmanuel* 51

11 | Confiança recíproca, *Emmanuel* 55

12 | Crítica e nós, *Emmanuel*............ 59

13 | Assim de momento, *Albino Teixeira* ... 65

14 | Neste exato momento, *André Luiz* 69

15 | Para renovar-nos, *André Luiz* 73

16 | Se crês em Deus, *Emmanuel* 77

17 | Adversários e nós, *Emmanuel* 81

18 | Misericórdia sempre, *Emmanuel* 85

19 | Trabalho sempre, *Emmanuel* 89

20 | Esmorecer nunca, *Meimei*........... 93

21 | As duas tristezas, *Emmanuel* 97

22 | Quanto puderes, *Emmanuel* 101

23 | Na intimidade doméstica, *Emmanuel* . 107

24 | Oração e atenção, *Emmanuel* 111

25 | Abençoa também, *Emmanuel* 117

26 | Abençoa e auxilia, *Bezerra de Menezes* . 121

27 | Ajuda-te hoje, *André Luiz* 125

28 | O raio da morte, *Emmanuel* 129

29 | Jesus e o mundo, *Emmanuel* 133

30 | Você e nós, *André Luiz* 139

31 | Nos domínios da fala, *Emmanuel* 143

32 | Vida e morte, *Emmanuel* 149

33 | Ainda quando, *Batuíra* 153

34 | No domínio das provas, *Emmanuel* ... 157

35 | Para libertar-nos, *Emmanuel* 163

36 | Nosso grupo, *André Luiz* 167

37 | Oramos, *Emmanuel* 171

38 | Nota espírita, *Albino Teixeira* 175

39 | Depressões, *Emmanuel* 179

40 | Contratempos, *Emmanuel* 183

41 | Confronto, *Albino Teixeira* 187

42 | Passo de luz, *Emmanuel* 191

43 | Corpo e alma, *Emmanuel* 197

44 | Na hora da paciência, *Emmanuel* 201

45 | Pensamento espírita, *Albino Teixeira* ... 207

46 | Voto espírita, *Albino Teixeira* 211

47 | Renovação e preparação, *Emmanuel* .. 215

48 | Hora difícil, *Emmanuel* 219

49 | O que importa, *Emmanuel* 223

50 | Agradecemos, *Emmanuel* 227

Índice Geral 231

CORAGEM

Amigo.

É verdade que em tuas relações com Deus:

pediste o dom da saúde e a saúde é um dos maiores tesouros da vida;

rogaste a bênção da paz e a paz é o alicerce de todo equilíbrio;

suplicaste o apoio do afeto e o afeto é um refúgio sublime;

deprecaste a luz da compreensão e a compreensão é a base da segurança;

requestaste o privilégio da liberdade e a liberdade é a força que te mede o aprimoramento;

imploraste a proteção da simpatia e a simpatia é o estímulo da ação;

solicitaste o amparo da cultura da inteligência e a cultura é o instrumento que te faz discernir;

requisitaste o socorro do trabalho e o trabalho é o motor do progresso.

Entretanto, para que obtenhas saúde e paz, afeto e compreensão, liberdade e simpatia, cultura e trabalho, não prescindes de uma alavanca, da qual nem sempre te lembras nas petições à Providência Divina — a alavanca da coragem, a coragem de servir e viver.

É por isso, leitor amigo, que te oferecemos as páginas simples deste livro.

Elas traduzem o nosso apelo – apelo às nossas melhores forças – para que jamais esmoreçamos, diante das lutas e provas que nos são necessárias ao burilamento próprio, porque ainda mesmo quando sitiados, em todas as direções, por dificuldade e desarmonia, débito e sofrimento, haverá sempre um caminho de refazimento e libertação que a esperança nos descerra, ante a misericórdia de Deus.

EMMANUEL

Uberaba (MG), 1º de agosto de 1971.

capítulo 1

QUANDO O TÉDIO APAREÇA

Quando o desalento te ameace o caminho, pensa nos outros, naqueles que não dispõem de tempo para qualquer entrevista com o tédio.

* * *

Se te acreditas amargando lições demasiado severas no educandário da vida, frequenta, de quando em quando, a escola das grandes provações, onde os aprendizes se acomodam na carteira das lágrimas. Muitos jazem na rua, estendendo mãos fatigadas aos que passam com pressa... Em maioria, são doentes que a onda renovadora do grupo social atirou à praia da assistência pública ou mães aflitas a quem as exigências de filhos pequeninos ainda não permitem a liberalidade de uma profissão...

Provavelmente, alguém dirá que entre eles se encontram oportunistas e malfeitores que se fantasiam de enfermos para te assaltarem a bolsa em nome da piedade.

Compreendemos semelhante alegação e justificamo-la, porque o mal existe sempre onde lhe queiramos destacar a presença e, conquanto te roguemos o benefício da prece, em favor dos que agem assim, mais por ignorância que por maldade, apelamos para que consultes ainda aquelas outras salas de aula que se enfileiram no recinto dos hospitais e nos albergues esquecidos.

Acompanha os estudos daqueles cujo corpo se carrega de feridas dolorosas para agradeceres a pele sadia que te veste a figura ou segue a cartilha de agoniadas emoções dos que se recolhem nos manicômios, sorvendo angústia e desespero nos resvaladouros da loucura ou da obsessão, a fim de valorizares o cérebro tranquilo que te coroa a existência...

Visita os asilos que resguardam a sucata do sofrimento humano e observa as disciplinas dos que foram entregues às meditações da penúria, para quem um simples sanduíche é um brinde raro e partilha os exercícios de saudade e de dor dos que foram abandonados pelos entes que mais amam, a fim de abençoares o pão de tua casa e os afetos que te enriquecem os dias.

* * *

Quando o tédio te procure, vai à escola da caridade... Ela te acordará para as alegrias puras do bem e te fará luz no coração, livrando-te das trevas que costumam descer sobre as horas vazias.

EMMANUEL

CORAGEM

capítulo 2

MALES PEQUENINOS

Guardemos cuidado para com a importância dos males aparentemente pequeninos.

Não é o aguaceiro que arrasa a árvore benemérita. É a praga quase imperceptível que se lhe oculta no cerne.

Não é a selvageria da mata que dificulta mais intensamente o avanço do pioneiro. É a pedra no calçado ou o calo no pé.

Não é a cerração que desorienta o viajor, ante as veredas que se bifurcam. É a falta da bússola.

Não é a mordedura do réptil que extermina a existência de um homem. É a diminuta dose de veneno que ele segrega.

Assim, na vida comum.

Na maioria das circunstâncias não são as grandes provações que aniquilam a criatura e sim os males supostamente pequeninos, dos quais, muita vez, ela própria escarnece, a se expressarem por ódio, angústia, medo e cólera, que se lhe instalam, sorrateiramente, por dentro do coração.

ALBINO TEIXEIRA

capítulo 3

CULTIVANDO PACIÊNCIA

Cultivando paciência:

se você foi vítima de preterição em serviço, reconhecerá que isso aconteceu, em favor da sua elevação de nível;

se perdeu o emprego, ante a perseguição de alguém que lhe cobiçou o lugar, creia que alcançará outro muito melhor;

se um companheiro lhe atravessou o caminho, atrapalhando-lhe um negócio, transações mais lucrativas aparecerão, amanhã em seu benefício;

se determinada criatura lhe tomou a residência, manejando processos inconfessáveis, em futuro próximo, terá você moradia muito mais confortável;

se um amigo lhe prejudica os interesses, subtraindo-lhe oportunidades de progresso e ajustamento econômico, guarde a certeza de que outras portas se lhe descerrarão mais amplas aos anseios de paz e prosperidade;

se pessoas queridas lhe menosprezam a confiança, outras afeições muito mais sólidas e mais estimáveis surgirão a caminho, garantindo-lhe a segurança e a felicidade.

Mas nunca pretiras, não persigas, não atrapalhes, não desconsideres, não menosprezes e nem prejudiques a ninguém, porque sofrer é muito diferente de fazer sofrer e a dívida é sempre uma carga dolorosa para quem a contrai.

ALBINO TEIXEIRA

CORAGEM

capítulo 4

TUAS DIFICULDADES

Imagina como seria difícil de suportar um educandário em que os alunos tão somente soubessem chorar na hora do ensino. Reportamo-nos à imagem para considerar que sendo a Terra nossa escola multimilenária, urge receber-lhe as dificuldades por lições, aceitando-lhe a utilidade e o objetivo.

* * *

Diante dos obstáculos, ninguém precisa fixar-se no lado escuro que apresentem.

* * *

Um náufrago, faminto de estabilidade, ao sabor das ondas, não se lembrará de examinar o lodo no fundo das águas, mas refletirá no melhor meio de alcançar a terra firme.

* * *

Todo minuto de queixa é minuto perdido, arruinando potencialidades preciosas para a solução dos problemas, sobre os quais estejamos deitando lamentação.

* * *

Toda prova, seja qual for, aparece na estrada, a fim de elastecer-nos a força e aperfeiçoar-nos a experiência.

* * *

Em síntese, quase toda dificuldade implica sofrimento e todo sofrimento, notadamente aqueles que não provocamos, redunda em renovação e auxílio para nós mesmos, lembrando a treva noturna, em cujo ápice começa a alvorada nova.

Saibamos arrostar os impedimentos da vida, sem receá-los. Cada qual deles é portador de mensagem determinada. Esse é um desafio a que entesoures paciência, aquele outro te impele à sublimação da capacidade de amar no cadinho da provação.

* * *

Aprendamos, sobretudo, a decifrar os enigmas da existência, na oficina do Bem Eterno.

Serve e compreende.

Serve e suporta.

Serve e constrói.

Serve e beneficia.

Tuas dificuldades – tuas bênçãos. Nelas e por elas, encontrarás o estímulo necessário para que não te precipites nos despenhadeiros do orgulho, e nem te encarceres nas armadilhas do marasmo, prosseguindo, passo a passo, degrau a degrau, em tua jornada de burilamento e ascensão.

EMMANUEL

capítulo 5

PRESENÇA DE LUZ

Se puseres amor no tempo que Deus te reserva, nunca te sentirás sob o domínio do tédio ou do desânimo, porque as tuas horas se converterão em prazer de servir.

* * *

Se colocares amor nas afeições que o Senhor te permite cultuar, nunca sofrerás ingratidão ou desengano, porque transformarás o próprio espírito em vaso de abnegação e entendimento, colhendo de ti mesmo a felicidade de fazer a felicidade dos entes queridos.

* * *

Se cultivares amor na execução do dever que a Divina Providência te atribui, nunca experimentarás cansaço ou desencanto, porque o trabalho se te fará fonte de alegria, na alegria de ser útil.

* * *

Se aplicares amor nos recursos verbais que a Eterna Sabedoria te confere, nunca te complicarás em manifestações infelizes, porque a tua palavra se transubstanciará em clarão e bênção, naquilo em que te expresses.

* * *

Se espalhares amor no lugar em que as Leis da Vida te situam, nunca te observarás na condição de vítima do desequilíbrio, porque a tua influência se tornará serenidade e esperança, garantindo a harmonia e a tranquilidade onde estejas.

* * *

Se conservares o amor no coração — obra divina do Universo — nunca te perderás na sombra, porque terás convertido a própria alma em presença de luz.

EMMANUEL

CORAGEM

capítulo 6

NUNCA SEM ESPERANÇA

Nunca percas a esperança.

Se o pranto te encharca a existência, recorre a Deus, no exercício do bem, e acharás Deus, nas entranhas da própria alma, a propiciar-te consolo.

Se sofres incompreensão, ajuda ainda e sempre aos que te não entendem e encontrarás Deus, no imo do próprio espírito a fortalecer-te com o bálsamo da piedade pelos que se desequilibram na sombra.

Se te menosprezam ou te injuriam, guarda-te em silêncio no auxílio ao próximo, e surpreenderás Deus, no íntimo de teus mais íntimos pensamentos, prestigiando te as intenções.

Se te golpeiam ou censuram, cala-te, edificando a felicidade dos que te rodeiam, e Deus falará por ti, na voz inarticulada do tempo.

E, se erraste, não tombes em desespero, mas, trabalhando e servindo, receberás de Deus a oportunidade da retificação e da paz.

Sejam quais forem as aflições e problemas que te agitem a estrada, confia em Deus, amando e construindo, perdoando e amparando sempre, porque Deus, acima de todas as calamidades e de todas as lágrimas, te fará sobreviver, abençoando-te a vida e sustentando-te o coração.

MEIMEI

CORAGEM

capítulo 7

PERGUNTA ESPÍRITA

Alegas, por vezes, a impossibilidade de colaborar nas tarefas espíritas, escusando-te à face das dificuldades e senões que ainda carregas.

Entretanto, convenhamos:

se não tens imperfeições a vencer, entre tantos milhões de criaturas humanas ainda imperfeitas;

se não conheceste e nem conheces, intimamente, conflito algum;

se não possuis problemas a resolver;

se não experimentas tentações;

se não atravessas, de quando a quando, amarguras e desenganos;

se não colhes decepções;

se não faceias graves provas;

se não trazes o sinal dessa ou daquela fraqueza, da qual te encontras presentemente na Terra, em processo de cura;

se não observas contigo possíveis tendências menos felizes – aquelas que nos assinalam as dívidas de existências passadas –, lutando e, às vezes, até chorando por melhorar a ti mesmo...

que será de ti na construção do Bem?

Referimo-nos a isso, porque o espírita é chamado a fazer luz, em favor de si mesmo e a benefício dos outros, na seara da educação.

E se nada sofres para aprender, como poderás esclarecer e compreender, ajudar ou ensinar?

ALBINO TEIXEIRA

CORAGEM

capítulo 8

DECÁLOGO DO BOM ÂNIMO

1 – Dificuldades? Não perca tempo, lamuriando. Trabalhe.

2 – Críticas? Nunca aborrecer-se com elas. Aproveite-as no que mostrem de útil.

3 – Incompreensões? Não busque torná-las maiores, através de exigências e queixas. Facilite o caminho.

4 – Intrigas? Não lhes estenda a sombra. Faça alguma luz com o óleo da caridade.

5 – Perseguições? Jamais revidá-las. Perdoe esquecendo.

6 – Calúnias? Nunca enfurecer-se contra as arremetidas do mal. Sirva sempre.

7 – Tristezas? Afaste-se de qualquer disposição ao desânimo. Ore abraçando os próprios deveres.

8 – Desilusões? Por que debitar aos outros a conta de nossos erros? Caminhe para frente, dando ao mundo e à vida o melhor ao seu alcance.

9 – Doenças? Evite a irritação e a inconformidade. Raciocine nos benefícios que os sofrimentos do corpo passageiro trazem à alma eterna.

10 – Fracassos? Não acredite em derrotas. Lembre-se de que, pela bênção de Deus, você está agora em seu melhor tempo – o tempo de hoje, no qual você pode sorrir e recomeçar, renovar e servir, em meio de recursos imensos.

ANDRÉ LUIZ

CORAGEM

capítulo 9

NA HORA DA CARIDADE

Não te furtarás ao serviço de emenda e nem recusarás as constrangedoras obrigações de restaurar a realidade, mas unge o coração de brandura para corrigir abençoando e orientar construindo!...

* * *

A dificuldade do próximo é intimação à beneficência, no entanto, assim como é preciso condimentar de amor o pão que se dá para que ele não amargue a boca que o recebe, é indispensável também temperar de misericórdia o ensino que se ministra para que a palavra esclarecedora não perturbe o ouvido que o recolhe.

* * *

Na hora da caridade, não reflitas apenas naquilo que os irmãos necessitados devem fazer!... Considera igualmente aquilo que lhes não foi possível fazer ainda!...

Coteja as tuas oportunidades com as deles. Quantos atravessaram a infância sem a refeição de horário certo e quantos se desenvolveram, carregando moléstias ocultas! Quantos suspiram em vão pela riqueza do alfabeto, desde cedo escravizados a tarefas de sacrifício, e quantos outros cresceram em antros de sombra, sob as hipnoses da viciação e do crime!... Quantos desejaram ser bons e foram arrastados à delinquência no instante justo em que o anseio de retidão lhes aflorava na consciência e quantos foram colhidos de chofre nos processos obsessivos que os impeliram a resvaladouros fatais!

* * *

Soma as tuas facilidades, revisa as bênçãos que usufruis, enumera as vantagens e os tesouros de afeto que te coroam os dias e socorre aos companheiros desfalecentes da estrada, buscando soerguê-los ao teu nível de entendimento e conforto.

* * *

Na hora da caridade, emudece as humanas contradições e auxilia sempre, mas sempre clareando a razão com a luz do amor fraterno, ainda mesmo quando a verdade te exija duros encargos, semelhantes às dolorosas tarefas da cirurgia.

EMMANUEL

capítulo 10

NOSSA CASA

A mente é a casa viva onde cada um de nós reside, segundo as nossas próprias concepções.

***

A imaginação é o arquiteto de nosso verdadeiro domicílio.

***

Se julgarmos que o ouro precisa erigir-se em material único adequado à nossa construção, cedo sofremos a ventania destruidora ou enregelante da ambição e da inveja, do remorso e do tédio, que costuma envolver a fortuna, em seu castelo de imprevidência.

Se supomos que o poder humano deve ser o agasalho exclusivo de nosso Espírito, somos apressadamente defrontados pela desilusão que habitualmente assinala a fonte das criaturas enganadas pelos desvarios da autoridade.

Se encontramos alegria na crítica ou na leviandade, naturalmente nos demoramos em cárceres de perturbação e maledicência.

* * *

Moramos, em espírito, onde projetamos o pensamento.

* * *

Respiramos o bem ou o mal, de acordo com as nossas preferências na vida.

Na Terra, muitas vezes temos a máscara física emoldurada em honrarias e esplendores, conservando-nos intimamente em deploráveis cubículos de padecimentos e trevas.

* * *

Só o trabalho incessante no bem pode oferecer-nos a milagrosa química do amor para a sublimação do lar interno.

Por isso mesmo, disse Jesus: — *"meu Pai trabalha até hoje e eu trabalho também"*.

Idealizemos mais luz para o caminho.

Abracemos o serviço infatigável aos semelhantes e a nossa experiência, de alicerces na Terra, culminará, feliz e vitoriosa, nos esplendores do Céu.

EMMANUEL

capítulo 11

CONFIANÇA RECÍPROCA

Muitos companheiros na Terra se declaram indignos de trabalhar na Seara do Bem, alegando que não merecem a confiança do Senhor, quando a lógica patenteia outra coisa.

* * *

Se o Senhor não te observasse o devotamento afetivo, não te entregaria a formação da família, em cuja intimidade, criaturas diversas te aguardam carinho e cooperação; se não te apreciasse o espírito de responsabilidade, não te permitiria desenvolver tarefas de inteligência, através das quais influencias grande número de pessoas; se não acreditasse em tua nobreza de sentimentos, não te induziria a sublimar princípios e atitudes, na realização das boas obras, com as quais aprendes a estender-lhe, no mundo, o reino de amor; se não te reconhecesse o senso de escolha, não te levaria a examinar teorias do bem e do mal, para que abraces livremente o próprio caminho; se não te aceitasse o discernimento, não te facultaria a obtenção desse ou daquele título de competência, com o qual consegues aliviar, melhorar, instruir ou elevar a vida dos semelhantes.

* * *

Se o Senhor não confiasse em ti, não te emprestaria o filho que educas, a afeição que abençoas, o solo que cultivas, a moeda que dás.

* * *

"Não cai uma folha de árvore sem que o Pai o queira", ensinou-nos Jesus.

Toda possibilidade da criatura, na edificação do bem, é concessão do Criador. O crédito vem do Pai

Supremo, a aplicação com as responsabilidades consequentes, diz respeito a nós.

* * *

Sempre que te refiras aos problemas da fé, não te fixes tão somente na fé que depositas em Deus. Recorda que Deus, igualmente, confia em ti.

EMMANUEL

capítulo 12

CRÍTICA E NÓS

Diante da tarefa que se te reserva, no levantamento do bem comum, é justo respeitar o que os outros dizem, no campo da crítica; entretanto, é forçoso não paralisar o serviço e nem prejudicar o serviço, em virtude daquilo que os outros possam dizer.

* * *

Guardar a consciência tranquila e seguir adiante.

* * *

Escapam da crítica exclusivamente as obras que nunca saem de plano, à maneira da música que não atrai a atenção de ninguém, quando não se retira da pauta.

* * *

Viver a própria tarefa é realizá-la; e realizá-la é sofrê-la em si.

* * *

Censores e adversários, expectadores e simpatizantes podem efetivamente auxiliar e auxiliam sempre, indicando-nos os pontos vulneráveis e aspectos imprevistos da construção sob nossa responsabilidade, através das opiniões que emitem; no entanto, é preciso não esquecer que se encontram vinculados a compromissos de outra espécie.

* * *

Encargo que nos pertença respira conosco e se nos erige no caminho em alegria, aflição, apoio e vida. Cabe a nós conduzi-lo, executá-lo, aperfeiçoá-lo, revivescê-lo.

* * *

Muitos querem que sejamos desse modo; que nos comportemos daquela maneira; que assumamos diretrizes diversas daquelas em que persistimos, ou que vejamos a estrada pelos olhos que os servem; todavia, é imperioso considerar que cada um de nós é um mundo por si, com movimentos particulares e órbitas diferentes.

* * *

Sustentemo-nos fiéis ao nosso trabalho e rendamos culto à paz de consciência, atendendo aos deveres que as circunstâncias nos conferiram, e, oferecendo o melhor de nós mesmos, em proveito do próximo, estejamos tranquilos, porque, tanto nós quanto os outros, somos o que somos com a obrigação de melhorar-nos, a fim de que cada um possa servir sempre mais, na edificação da felicidade de todos, com aquilo que é e com aquilo que tem.

EMMANUEL

CORAGEM

capítulo 13

ASSIM DE MOMENTO

Assim de momento, você, de fato:

não pode esconder a moléstia renitente ou irreversível que lhe promove o aperfeiçoamento espiritual;

não pode livrar-se do defeito físico inarredável;

não dispõe de recursos para desconhecer o parente difícil;

não consegue liberar-se dos conflitos íntimos com que haja renascido, atendendo-se a fins determinados;

não liquidará, de vez, todas as dívidas que terá assumido diante dos outros;

não se liberará da influência dos adversários gratuitos;

não estará sem as ironias e incompreensões que se lhe espalhem na estrada;

não viverá sem problemas educativos...

Mas você pode aceitar tudo isso e, da aceitação construtiva de todos os percalços que porventura lhe assinalem a existência, você pode partir para o esforço de trabalhar, melhorando a você mesmo a fim de render, tanto quanto possa, no bem de todos, de vez que, colaborar no bem de todos, é o caminho para a verdadeira felicidade.

ALBINO TEIXEIRA

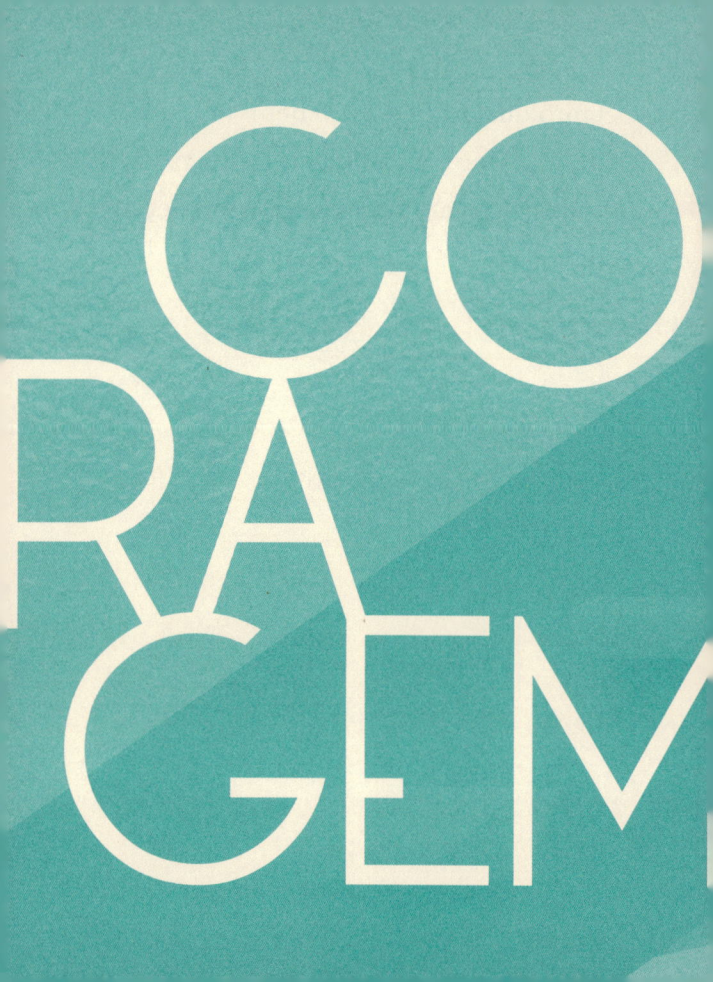

CORAGEM

capítulo 14

NESTE EXATO MOMENTO

Neste exato momento, você está na situação mais apropriada ao exercício da compreensão e do auxílio;

na circunstância mais favorável para fazer o bem;

de coração ligado às criaturas certas, junto das quais precisa trabalhar e harmonizar-se;

com a tarefa mais adequada às suas necessidades;

nas responsabilidades justas de que deve desincumbir-se;

no ponto mais importante para dar o testemunho de sua aplicação à fraternidade;

de reconhecer que a nossa felicidade é medida pela felicidade que fizermos para os outros;

de observar que, muitas vezes, vale mais perder para conquistar do que conquistar para perder;

de ajustar-se à paciência e à esperança para consolidar o próprio êxito no instante oportuno;

de não esmorecer com a dificuldade, a fim de merecer o benefício;

de sorrir e abençoar para receber simpatia e cooperação;

e, por isso mesmo, você agora está no momento exato de trabalhar para servir. E, trabalhando e servindo, você adquirirá a certeza de que toda pessoa que trabalha e serve caminha para a frente e, quem caminha para a frente, com o bem de todos, encontrará sempre o melhor.

ANDRÉ LUIZ

CORAGEM

capítulo 15

PARA RENOVAR-NOS

Não espere viver sem problemas, de vez que problemas são ingredientes de evolução, necessários ao caminho de todos.

* * *

Ante os próprios erros, não descambe para o desculpismo e sim enfrente as consequências deles, a fim de retificar-se, como quem aproveita pedras para construção mais sólida.

* * *

Não perca tempo e serenidade, perante as prováveis decepções da estrada, porquanto aqueles que supõem decepcionar-nos estão decepcionando a si mesmos.

* * *

Reflita sempre antes de agir, a fim de que seus atos sejam conscientizados.

Não exija perfeição nos outros e nem mesmo em você, mas procure melhorar-se quanto possível.

* * *

Simplifique seus hábitos.

* * *

Experimente humildade e silêncio, toda vez que a violência ou a irritação apareçam em sua área.

* * *

Comunique seus obstáculos apenas aos corações amigos que se mostrem capazes de auxiliar em seu benefício com discrição e bondade.

* * *

Diante dos próprios conflitos, não tente beber ou dopar-se, buscando fugir da própria mente, porque de toda ausência indébita você voltará aos estragos ou necessidades que haja criado no mundo íntimo, a fim de saná-los.

* * *

Lembre-se de que você é um Espírito eterno e se você dispõe da paz na consciência estará sempre inatingível a qualquer injúria ou perturbação.

ANDRÉ LUIZ

capítulo 16

SE CRÊS EM DEUS

Se crês em Deus, por mais te ameacem os anúncios do pessimismo, com relação a prováveis calamidades futuras, conservarás o coração tranquilo, na convicção de que a Sabedoria Divina sustenta e sustentará o equilíbrio da vida, acima de toda perturbação.

* * *

Se crês em Deus, em lugar nenhum experimentarás solidão ou tristeza, porque te observarás em ligação constante com todo o Universo, reconhecendo que laços de amor e de esperança te identificam com todas as criaturas.

* * *

Se crês em Deus, nunca te perderás no labirinto da revolta ou da desesperação, ante golpes e injúrias que se te projetem na estrada, porquanto interpretarás ofensores e delinquentes, na condição de infelizes, muito mais necessitados de bondade e proteção que de fel e censura.

* * *

Se crês em Deus, jornadearás na Terra sem adversários, de vez que, por mais se multipliquem na senda aqueles que te agridam ou menosprezem, aceitarás inimigos e opositores, à conta de irmãos nossos, situados em diferentes pontos de vista.

* * *

Se crês em Deus, jamais te faltarão confiança e trabalho, porque te erguerás, cada dia, na certeza de que dispões da bendita oportunidade de comunicação com os outros, desfrutando o privilégio incessante de auxiliar e abençoar, entender e servir.

* * *

Se crês em Deus, caminharás sem aflição e sem medo, nas trilhas do mundo, por maiores surjam perigos e riscos a te obscurecerem a estrada, porquanto, ainda mesmo à frente da morte, reconhecerás que permaneces com Deus, tanto quanto Deus está sempre contigo, além de provações e sombras, limitações e mudanças, em plenitude de vida eterna.

EMMANUEL

capítulo 17

ADVERSÁRIOS E NÓS

Muita gente indaga com inquietação, sobre a maneira justa de se aplicar o ensinamento de Jesus, no que tange ao amor pelos inimigos.

Aquele companheiro ter-nos-á ferido, impondo-nos prejuízos graves, outro nos terá deixado o espírito em chaga aberta, a golpes de ingratidão. De que modo expressar-lhes amor, segundo os princípios do Evangelho?

Urge, porém, observar que Jesus nos pede amor pelos adversários, mas não nos recomenda aceitar ou amar aquilo que eles fazem.

Determinada pessoa agiu contra nós e, claramente, não lhe aplaudiremos as diretrizes, no entanto, ser-nos-á possível acolhê-la no clima da fraternidade, compreendendo-lhe a posição de criatura que haverá adquirido, com isso, pesada carga de lutas íntimas, em detrimento de si própria. Podemos, além disso, amar perfeitamente os que erram contra nós, entendendo que as falhas deles hoje serão talvez nossas, amanhã, atentos que devemos estar à humanidade falível de nossa condição.

Por símile, imaginemos o enfermo e a enfermidade. Deixaremos de amar os nossos doentes, porque estejam doentes e, quando falamos em amar os doentes, estaremos ensinando o amor pelas enfermidades?

* * *

Amar os adversários será respeitar-lhes os pontos de vista e abençoá-los, sempre que tomem caminhos diferentes dos nossos. E, toda vez que tombem conscientemente nas trevas de espírito, recordemos o próprio Cristo e entreguemo-los a Deus, rogando para eles paz e misericórdia, porque, realmente, não sabem o que fazem.

EMMANUEL

capítulo 18

MISERICÓRDIA SEMPRE

Conta-se que Jesus, após haver lançado a Parábola do Bom Samaritano, entraram os apóstolos no exame da conduta dos personagens da narrativa.

E porque traçassem fulminativas reprovações, em torno de alguns deles, o Cristo prosseguiu no ensinamento para lá do contato público:

— "Em verdade — acentuou o Mestre —, referimo-nos ao próximo, ante as indagações do doutor da lei, à frente do povo, mas a lição de misericórdia tem raízes mais profundas.

Quem passasse irradiando amor na estrada, onde o viajante generoso testemunhou a solidariedade, encontraria mais amplos motivos para compreender e auxiliar.

Além do homem ferido e arrojado ao pó, claramente necessitado de socorro, teria cuidado de apiedar-se do sacerdote e do levita, mergulhados na obsessão do egoísmo e carecentes de compaixão; simpatizar-se-ia com o hoteleiro, endereçando-lhe pensamentos de bondade que o sustentassem no exercício da profissão; compadecer-se-ia dos malfeitores, orando por eles, a fim de que se refizessem, perante as leis da vida, e, tanto quanto possível ampararia a vítima dos ladrões, estendendo igualmente mãos operosas e amigas ao samaritano da caridade, para que se lhe não esmorecessem as energias nas tarefas do bem."

E, diante dos companheiros surpreendidos, o Mestre rematou:

— "Para Deus, todos somos filhos abençoados e eternos, mas enquanto a misericórdia não se nos fixar nos domínios do coração, em verdade, não teremos atingido o caminho da paz e o reino do amor."

EMMANUEL

capítulo 19

TRABALHO SEMPRE

Trabalho será sempre o prodígio da vida, criando reconforto e progresso, alegria e renovação.

* * *

Se a dificuldade te visita, elege nele o apoio em que te escores e surpreenderás, para logo, a precisa libertação.

* * *

Quando a névoa da tristeza te envolva em melancolia, procura nele o clima a que te acolhas e observar-te-ás, sob novo clarão de encorajamento e esperança.

* * *

Ante a mágoa que te busque, à vista de ofensas com que absolutamente não contavas, utiliza-o por remédio salutar e obterás, em tempo breve, a bênção da compreensão e a tranquilidade do esquecimento.

* * *

Debaixo da preterição que te fira, refugia-te nele e recuperarás sem demora o lugar a que o mérito te designa.

* * *

À frente de injúrias que te amarfanhem o coração, insiste nele e, com a bênção das horas, olvidarás escárnio e perseguição, colocando-te no rumo certo da verdadeira felicidade.

* * *

Perante a dor dos próprios erros cometidos, persevera com ele no cotidiano e, a breve espaço, granjearás serenidade e restauração.

Nos momentos claros da senda, trabalha e entesourarás mais luz no caminho.

Nos instantes escuros, trabalha e dissolverás qualquer sombra, desvelando a estrada que o Senhor te deu a trilhar.

Tudo o que o homem possui de útil e belo, grande e sublime se deve ao trabalho, com que se lhe engrandece a presença no mundo.

Haja, pois, o que houver, ampliem-se obstáculos, agigantem-se problemas, intensifiquem-se lutas ou se agravem provações, trabalha sempre no bem de todos, porque, trabalhando na Seara do Bem, podes conservar a certeza de que Deus te sustentará.

EMMANUEL

capítulo 20

ESMORECER NUNCA

Referes-te aos Mundos Superiores do Espaço Cósmico, qual se a Terra não estivesse localizada nos Céus. E pensas nos Espíritos Angélicos à feição de inatingíveis ministros do Eterno, mensageiros de forças prodigiosas que jamais alcançarás.

Entretanto, guardas contigo a mesma condição de imortalidade, tocada de dons sublimes que podes claramente desenvolver ao infinito.

Por essa razão, convém saibas que, por muito extensas se te façam as necessidades e as lágrimas, carregas contigo o mais alto poder da vida.

Não creias compartilhem dele tão somente os sábios e os justos, os santos e os heróis. Por mais ínfima se te mostre a situação, ei-lo contigo por marca de tua origem celeste.

Mesmo que estejas atravessando rudes e escabrosos caminhos de cinza e pranto, para que te soergas de quedas clamorosas, exibindo sinais de poeira e fel, ninguém te pode subtrair essa herança do Criador, de cujo hálito nasceste.

Detém-te a pensar nisto e nunca esmoreças.

Ainda que os imperativos da experiência humana te hajam arrojado de luminosas eminências do serviço aos degraus mais obscuros do recomeço, mergulha o próprio coração nas fontes da esperança e rejubila-te, porque Deus te dotou com o divino privilégio de trabalhar e de auxiliar.

MEIMEI

CORAGEM

capítulo 21

AS DUAS TRISTEZAS

Há, sim, a tristeza construtiva – aquela que nos impulsiona para a Vida Superior, encaminhando-nos para o trabalho da melhoria íntima, perante a sede de ascensão espiritual.

Existe, porém, a outra – a tristeza destrutiva – que se traja de luto, por dentro do coração, todos os dias, espalhando desânimo e pessimismo onde passa.

Observa a ti mesmo a fim de que te imunizes contra semelhante doença da alma.

Toda vez que comentamos nossos problemas, exagerando-lhes o tamanho ou dramatizando as dificuldades que nos chegam à existência; sempre que tomamos o tempo alheio a fim de recordar sofrimentos passados que a Providência Divina já mandou apagar, em nosso benefício, com a esponja do tempo; em todas as situações nas quais nos pomos a exaltar os preconceitos próprios, desconsiderando a posição e a experiência dos semelhantes; e, na generalidade dos casos em que nos pusermos a lamentar dissidências e desacordos, contendas e mágoas, estamos afastando de nós mesmos os melhores amigos, através da amargura e do ressentimento que destilamos com as nossas palavras. Naturalmente, cautelosos, esses companheiros preferem distância à partilha indébita de nossas aversões e frustrações, antagonismos e queixas, embora, sempre que generosos e leais, estejam claramente dispostos a apoiar-nos na restauração da própria harmonia.

* * *

Compreendamos que ninguém estima a permanência num espinheiro e nem escolhe vinagre para brindar os laços diletos, e saibamos fornecer bondade e paz, entusiasmo e otimismo aos que se aproximem de nós, porquanto não há quem não necessite de alguém para executar os deveres que a vida lhe preceitue.

Para isso, nós que sabemos rogar a Deus proteção e bênção, aprendamos igualmente a pedir à Divina Providência nos conceda a precisa coragem para silenciar desapontamentos e lágrimas, de maneira a doar paz e alegria, segurança e consolo aos outros, tanto quanto esperamos esses benefícios dos outros em auxílio a nós.

EMMANUEL

capítulo 22

QUANTO PUDERES

Quanto puderes, não te afastes do lar, ainda mesmo quando o lar te pareça inquietante fornalha de fogo e aflição.

Quanto te seja possível, suporta a esposa incompreensiva e exigente, ainda mesmo quando surja aos teus olhos por empecilho à felicidade.

Quanto estiver ao teu alcance, tolera o companheiro áspero ou indiferente, ainda mesmo quando compareça, ao teu lado, por adversário de tuas melhores esperanças.

Quanto puderes, não abandones o filho impermeável aos teus bons exemplos e aos teus sadios conselhos, ainda mesmo quando se te afigure acabado modelo de ingratidão.

Quanto te seja possível, suporta o irmão que se fez cego e surdo aos teus mais elevados testemunhos no bem, ainda mesmo quando se destaque por inexcedível representante do egoísmo e da vaidade.

Quanto estiver ao teu alcance, tolera o chefe atrabiliário, o colega leviano, o parente desagradável, ou o amigo menos simpático, ainda mesmo quando escarneçam de tuas melhores aspirações.

* * *

Apaga a fogueira da impulsividade que nos impele aos atos impensados ou à queixa descabida e avancemos para diante arrimados à tolerância porque se hoje não conseguimos realizar a tarefa que o Senhor nos confiou, a ela tornaremos amanhã com maiores dificuldades para a necessária recapitulação.

* * *

Não vale a fuga que complica os problemas, ao invés de simplificá-los.

Aceitemos o combate em nós mesmos, reconhecendo que a disciplina antecede a espontaneidade.

* * *

Não há purificação sem burilamento, como não há metal acrisolado sem cadinho esfogueante.

* * *

A educação é obra de sacrifício no espaço e no tempo, e atendendo à Divina Sabedoria – que jamais nos situa uns à frente dos outros sem finalidade de serviço e reajustamento para a vitória do amor –, amemos nossas cruzes por mais pesadas e espinhosas que sejam, nelas recebendo as nossas mais altas e mais belas lições.

EMMANUEL

CORAGEM

capítulo 23

NA INTIMIDADE DOMÉSTICA

A história do bom samaritano, repetidamente estudada, oferece conclusões sempre novas.

O viajante compassivo encontra o ferido anônimo na estrada.

Não hesita em auxiliá-lo.

Estende-lhe as mãos.

Pensa-lhe as feridas.

Recolhe-o nos braços sem qualquer ideia de preconceito.

Condu-lo ao albergue mais próximo.

Garante-lhe a pousada.

Olvida conveniências e permanece junto dele, enquanto necessário.

Abstém-se de indagações.

Parte ao encontro do dever, assegurando-lhe a assistência com os recursos da própria bolsa, sem prescrever-lhe obrigações.

* * *

Jesus transmitiu-nos a parábola, ensinando-nos o exercício da caridade real, mas, até agora, transcorridos quase dois milênios, aplicamo-la, via de regra, unicamente às pessoas que não nos comungam o quadro particular.

Quase sempre, todavia, temos os caídos do reduto doméstico.

Não descem de Jerusalém para Jericó mas tombam da fé para a desilusão e da alegria para a dor, espoliados nas melhores esperanças, em rudes experiências.

Quantas vezes, surpreendemos as vítimas da obsessão e do erro, da tristeza e da provação, dentro de casa!

Julgamos, assim, que a parábola do bom samaritano que é sempre abençoada luz na vida externa, produzirá

também efeitos admiráveis, toda vez
que nos decidirmos a usá-la, na vida
íntima, compreendendo e auxiliando
aos vizinhos e companheiros, parentes e amigos, sem nada exigir e sem
nada perguntar.

EMMANUEL

capítulo 24

ORAÇÃO E ATENÇÃO

Oraste, pediste. Desfaze-te, porém, de quaisquer inquietações e asserena-te para recolher as respostas da Divina Providência.

Desnecessário aguardar demonstrações espetaculosas para que te certifiques quanto às indicações do Alto.

* * *

Qual ocorre ao Sol que não precisa descer ao campo para atender ao talo de erva que lhe roga calor, de vez que lhe basta, para isso, a mobilização dos próprios raios, Deus conta com milhões de mensageiros que lhe executam os Excelsos Desígnios.

Ora e pede. Em seguida, presta atenção. Algo virá por alguém ou por intermédio de alguma coisa doando-te, na essência, as informações ou os avisos que solicites.

* * *

Em muitas circunstâncias, a advertência ou o conselho, a frase orientadora ou a palavra de bênção te alcançarão a alma, no verbo de um amigo, na página de um livro, numa nota singela de imprensa e até mesmo num simples cartaz que te cruze o caminho. Mais que isso. As respostas do Senhor às tuas necessidades e petições, muitas vezes, te buscam, através dos próprios sentimentos a te subirem do coração ao cérebro ou dos próprios raciocínios a te descerem do cérebro ao coração.

** *

Deus responde sempre, seja pelas vozes da estrada, pela pregação ou pelo esclarecimento da tua casa de fé, no diálogo com pessoa que se te afigura providencial para a troca de confidências, nas palavras escritas, nas mensagens inarticuladas da Natureza, nas emoções que te desabrocham da alma ou nas ideias imprevistas que te fulgem no pensamento, a te convidarem o espírito para a observância do Bem Eterno.

* * *

O próprio Jesus, o Mensageiro Divino por excelência, guiou-nos à procura do Amor Supremo, quando nos ensinou a suplicar: "Pai Nosso, que estás no Céu, santificado seja o teu nome, venha a nós o teu reino, seja feita a tua vontade, assim na Terra como nos Céus...". E, dando ênfase ao problema da atenção, recomendou-nos escolher um lugar íntimo para o serviço da prece, enquanto ele mesmo demandava a solidão para comungar com a Infinita Sabedoria.

* * *

Recordemos o Divino Mestre e estejamos convencidos de que Deus nos atende constantemente; imprescindível, entretanto, fazer silêncio no mundo de nós mesmos, esquecendo exigências e desejos, não só para ouvirmos as respostas de Deus, mas também a fim de aceitá-las, reconhecendo que as respostas do Alto são sempre em nosso favor, conquanto, às vezes, de momento, pareçam contra nós.

EMMANUEL

CORAGEM

capítulo 25

ABENÇOA TAMBÉM

Diante das vozes e dos braços que te amparam na enfermidade, coopera com os instrumentos da cura, abençoando a ti mesmo.

Em qualquer desajuste orgânico, não condenes o corpo.

O operário há de amar enternecidamente a máquina que o ajuda a viver, lubrificando-lhe as peças e harmonizando-lhe os implementos, se não deseja relegá-la à inutilidade e à secura.

* * *

Abençoa teu coração. É o pêndulo infatigável, marcando-te as dores e alegrias.

Abençoa teu cérebro. É o gabinete sensível do pensamento.

Abençoa teus olhos. São companheiros devotados na execução dos compromissos que a existência te confiou.

Abençoa teu estômago. É o servo que te alimenta.

Abençoa tuas mãos. São antenas no serviço que consegues realizar.

Abençoa teus pés. São apoios preciosos em que te sustentas.

Abençoa tuas faculdades genésicas. São forças da vida pelas quais recebeste no mundo o aconchego do lar e o carinho de mãe.

* * *

Eis que Deus te abençoa, a cada instante, no ar que respiras, no pão que te nutre, no remédio que refaz, na palavra que anima, no socorro que alivia, na oração que consola...

Junto das células doentes ou fatigadas, não empregues o fogo da tensão, nem o corrosivo do desespero.

Abençoa também.

EMMANUEL

CORAGEM

capítulo 26

ABENÇOA E AUXILIA

A vida oferece infalível receita em favor de nossa paz.

Se a incompreensão nos aflige, abençoa e auxilia.

Se a discórdia ameaça, abençoa e auxilia.

Se a dificuldade aparece, abençoa e auxilia.

Se a crítica nos vergasta, abençoa e auxilia.

Se a maldade nos bate à porta, abençoa e auxilia.

Se a irritação nos procura, abençoa e auxilia.

Se o problema se agrava, abençoa e auxilia.

Se o desânimo intenta arrasar-nos, abençoa e auxilia.

Se a injúria nos visita, abençoa e auxilia.

Se a provação surge mais exigente, abençoa e auxilia.

Se o afeto de alguém nos abandona, abençoa e auxilia.

Ainda mesmo nos dias em que a lágrima seja a única presença em nosso coração para o trabalho a fazer, abençoa e auxilia sempre, porque abençoando e auxiliando, estaremos em toda parte, com o auxílio e com a bênção de Deus.

> BEZERRA DE MENEZES

CORAGEM

capítulo 27

AJUDA-TE HOJE

Sim, nas leis da reencarnação, quase todos nós, os filhos da Terra, temos o passado a resgatar, o presente a viver e o futuro a construir.

Lembremo-nos, assim, de que, nas concessões da Providência Divina, o nosso mais precioso lugar de trabalho chama-se "*aqui*" e o nosso melhor tempo chama-se "*agora*".

Detenhamo-nos, por isso, na importância das horas de hoje.

Ontem, perturbação.

Hoje, reequilíbrio.

Ontem, o poder transviado.

Hoje, a subalternidade edificante.

Ontem, a ostentação.

Hoje, o anonimato.

Ontem, a incompreensão.

Hoje, o entendimento.

Ontem, o desperdício.

Hoje, a parcimônia.

Ontem, a ociosidade.

Hoje, a diligência.

Ontem, a sombra.

Hoje, a luz.

Ontem, o arrependimento.

Hoje, a reconstrução.

Ontem, a violência.

Hoje, a harmonia.

Ontem, o ódio.

Hoje, o amor.

Diz-nos a sabedoria de todos os tempos – "Ajuda-te que o Céu te ajudará" –, afirmativa sublime que nos permitimos parafrasear, acentuando: "Ajuda-te hoje, que o Céu te ajudará sempre".

ANDRÉ LUIZ

CORAGEM

capítulo 28

O RAIO DA MORTE

Em toda parte, onde a criatura não se vigia, ei-lo que surge, como que arremessado pelos abismos da sombra.

É o raio da morte que extermina, implacável, todas as sementeiras do bem.

Na maternidade – é a força imponderável que provoca o desastre do aborto ou que fulmina pobres anjos recém-natos a sugá-la por veneno sutil, à flor do materno seio.

Na paternidade — é a frustração das mais preciosas esperanças endereçadas pelo Céu em socorro à família.

No lar — é o espinho magnético, alimentando o sofrimento naqueles que mais amamos.

No templo — é o assalto das trevas às promessas da luz.

Na caridade — é o golpe da violência colocando o vinagre do desencanto e o fel da revolta no prato da ingratidão.

Na escola — é a ofensa à dignidade do ensino.

Entre amigos – é o azorrague de brasas crestando as bênçãos da confiança.

Entre adversários – é o instinto que arma o braço desavisado para o infortúnio do crime.

Nos moços – é a certidão de incapacidade para servir.

Nos adultos – é punhal invisível degolando sublimes ensejos de entendimento e progresso.

Por onde passa, deixa sempre um rastro de lodo e sangue, lágrima e desespero, exigindo a mais ampla serenidade do tempo e o mais dilatado perdão para que o equilíbrio da vida se refaça.

Esse raio mortal é a cólera onde aparece.

Para conjurar-lhe o perigo, só existe um remédio justo – receber--lhe o impacto destruidor no clima do silêncio sobre a antena da oração.

EMMANUEL

capítulo 29

JESUS E O MUNDO

Se Jesus não tivesse confiança na regeneração dos homens e no aprimoramento do mundo, naturalmente, não teria vindo ao encontro das criaturas e nem teria jornadeado nos escuros caminhos da Terra.

Não podemos, por isso, perder a esperança e nem nos cabe o desânimo, diante das pequenas e abençoadas lutas que o Céu nos concedeu, entre as sombras das humanas experiências.

Da escola do mundo saíram diplomados em santificação Espíritos sublimes, que hoje se constituem abençoados patronos da evolução terrestre.

Não nos compete menosprezar o plano de aprendizagem que nos alimenta e nos agasalha, que nos instrui e aperfeiçoa.

* * *

Se o melhor não auxilia ao pior, debalde aguardaremos a melhoria da vida.

* * *

Se o bom desampara o mau, a fraternidade não passaria de mera ilusão.

* * *

Se o sábio não ajuda ao ignorante, a educação redundaria em mentira perigosa.

* * *

Se o humilde foge ao orgulhoso, surgiria o amor por vocábulo inútil.

* * *

Se o aprendiz da gentileza menoscaba o prisioneiro da impulsividade, o desequilíbrio comandaria a existência.

* * *

Se a virtude não socorre às vítimas do vício e se o bem não se dispõe a salvar quantos se arrojam aos despenhadeiros do mal, de coisa alguma serviria a predicação evangélica no campo de trabalho que a Providência Divina nos confiou.

* * *

O Mestre não era do mundo, mas veio até nós para a redenção do mundo. Sabia que os seus discípulos não pertenciam ao acervo moral da Terra, mas enviou-os ao convívio com homens para que os homens se transformassem nos servidores devotados do bem, convertendo o planeta em seu reino de Luz.

* * *

O cristão que foge ao contato com o mundo, a pretexto de garantir-se contra o pecado, é uma flor parasitária e improdutiva na árvore do Evangelho, e o Senhor, longe de solicitar ornamentos para a sua obra, espera trabalhadores abnegados e fiéis que se disponham a remover o solo com paciência, boa vontade e coragem, a fim de que a Terra se habilite para a sementeira renovadora do Grande Amanhã.

EMMANUEL

CORAGEM

capítulo 30

VOCÊ E NÓS

Espíritos eternos, estamos hoje no ponto exato da evolução para o qual nos preparamos, com os recursos mais adequados à solução de nossos problemas e tarefas, segundo os compromissos que abraçamos, seja no campo do progresso necessário ou na esfera da provação retificadora.

Achamo-nos com os melhores familiares e com os melhores companheiros que a lei do merecimento nos atribui.

À vista disso, permaneçamos convencidos de que a base de nossa tranquilidade reside na integridade da consciência; compreendamos que todas as afeições-problemas em nossa trilha de agora constituem débitos de existências passadas que nos compete ressarcir e que todas as facilidades que já nos enriquecem a estrada são instrumentos que o Senhor nos empresta, a fim de utilizarmos a vontade própria, na construção de mais ampla felicidade porvindoura e entendamos que a vida nos devolve aquilo que lhe damos.

Na posse de semelhantes instruções, valorizemos o tempo, para que o tempo nos valorize e permaneçamos em equilíbrio sem afetar aquilo que não somos, em matéria de elevação, conquanto reconhecendo a necessidade de aperfeiçoar-nos sempre.

Se erramos, estejamos decididos à corrigenda, agindo com sinceridade e trabalhando fielmente para isso.

Você e nós estejamos certos, diante da Providência Divina, que possuímos infinitas possibilidades de reajuste, aprimoramento, ação e ascensão e que depende tão somente de nós melhorar ou agravar, iluminar ou obscurecer as nossas situações e caminhos.

ANDRÉ LUIZ

capítulo 31

NOS DOMÍNIOS DA FALA

Não somente falar, mas verificar, sobretudo, o que damos com as nossas palavras.

* * *

Automaticamente, transferimos estados de alma para aqueles que nos ouvem, toda vez que damos forma às emoções e pensamentos com recursos verbais.

* * *

Terás pronunciado formosos vocábulos, selecionando frases a capricho, no entanto, se não as tiveres recamado de bondade e entendimento, é possível que tenhas colhido apenas indiferença ou distância nos companheiros que te compartilham a experiência. Ainda mesmo hajam sido as tuas expressões das mais corretas e das mais nobres, gramaticalmente considerando, se nelas colocaste quaisquer vibrações de pessimismo ou azedume, ironia ou insinceridade, elas terão sido semelhantes a recipientes de ouro que derramassem vinagre ou veneno, ferindo ou amargurando corações ao redor de ti.

Isso ocorre porque, instintivamente, a nossa palavra está carregada de nosso próprio espírito, ou melhor, insuflamos os próprios sentimentos em todos aqueles que nos prestem atenção.

À vista disso, analisemo-nos em tudo o que dissermos.

* * *

Conversa é doação de nós mesmos. Opiniões que exteriorizemos são pinceladas para a configuração de nosso retrato moral. Mais que isso, o verbo é criador. Cada frase é semente viva. Plantamos o bem ou o mal, a saúde ou a enfermidade, o otimismo ou o desalento, a vida ou a morte, naqueles que nos escutam, conforme as ideias edificantes ou destrutivas que lhes imponhamos pelos mecanismos da influenciação, ainda mesmo indiretamente.

* * *

Balsamizarás as feridas dos que se encontrem caídos nas trilhas do mundo, entretanto, que será de nossos irmãos horizontalizados na angústia se não lhes instilamos no coração a fé necessária para que se levantem na condição de filhos de Deus, tão dignos e tão necessitados da bênção de Deus, quanto nós?

Estudemos a nossa palavra, entendendo-lhe a importância na vida.

***

Diálogo é o agente que nos expõe o mundo íntimo.

O verbo é o espelho que nos reflete a personalidade real para julgamento dos outros.

Falarás e aparecerás.

EMMANUEL

CORAGEM

capítulo 32

VIDA E MORTE

A vida é luz, doação, alegria e movimento.

A morte é sombra, egoísmo, desalento e inércia.

Analisa as forças vivas que te rodeiam e observarás a Natureza a desfazer-se em cânticos de trabalho e de amor, assegurando-te bem-estar.

É a árvore a crescer na produção intensiva, o manancial em atividade constante para garantir-te a existência, a atmosfera a refazer sem cessar os elementos com que te preserva a saúde e o equilíbrio...

Mas não longe de ti podes ver igualmente a morte no poço estagnado em que as águas se corrompem, na enxada inútil que a ferrugem devora, no fruto desaproveitado que a corrupção desagrega...

Depende de ti acordar e viver, valorizando o tempo que o Senhor te confere, estendendo o dom de ajudar e aprender, amar e servir.

* * *

Muitos nascem e renascem no corpo físico, transitando da infância para a velhice e do túmulo para o berço, à maneira de almas cadaverizadas no egoísmo e na rebelião, na ociosidade ou na delinquência, a que irrefletidamente se acolhem.

Absorvem os recursos da Terra sem retribuição, recebem sem dar, exigem concurso alheio sem qualquer impulso de cooperação em favor dos outros e vampirizam as forças que encontram, quais sorvedouros que tudo consomem sem qualquer proveito para o mundo que os agasalha.

Semelhantes companheiros são realmente os mortos dignos de socorro e de piedade, porquanto, à distância da luz que lhes cabe inflamar em si próprios, preferem o mergulho na inutilidade, acomodando-se com as trevas.

* * *

Lembra-te dos talentos com que Deus te enobrece o sentimento e o raciocínio, o cérebro e o coração e, fazendo verter a glória do bem, através de teu verbo e de tuas mãos, desperta e vive, para que, das experiências fragmentárias do aprendizado humano, possas, um dia, alçar voo firme em direção à Vida Eterna.

EMMANUEL

capítulo 33

AINDA QUANDO

Sim, meus amigos, recordemos a palavra de Paulo, o Apóstolo da libertação espiritual.

Ainda quando senhoreássemos todos os idiomas de comunicação entre os homens e os anjos, na Terra e nos Céus, e não tivermos caridade...

Ainda quando possuíssemos as chaves do conhecimento universal para descerrar todas as portas das grandes revelações e não tivermos caridade...

AINDA QUANDO

Se conquistássemos as maiores distâncias atingindo outros planetas e outras humanidades no Império Cósmico e não tivermos caridade...

Ainda quando enfeixássemos nas mãos todos os poderes da Ciência com a possibilidade de comandar tanto os movimentos do Macrocosmo, quanto a força dos átomos e não tivermos caridade...

Ainda quando conseguíssemos dominar a profecia e enxergar no futuro todos os passos das nações porvindouras e não tivermos caridade...

Então, de nada terão valido para nós outros as vitórias da inteligência, porque, sem amor, permaneceremos ilhados em nossa própria inferioridade, inabilitados para qualquer ascensão à felicidade verdadeira com as bênçãos da Luz.

BATUÍRA

CORAGEM

capítulo 34

NO DOMÍNIO DAS PROVAS

Imaginemos um pai que, a pretexto de amor, decidisse furtar um filho querido de toda relação com os reveses do mundo.

Semelhante rebento de tal devoção afetiva seria mantido em sistema de exceção.

Para evitar acidentes climáticos inevitáveis, descansaria exclusivamente na estufa, durante a fase de berço e, posto a cavaleiro de perigos e vicissitudes, mal terminada a infância, encerrar-se-ia numa cidadela inexpugnável, onde somente prevalecesse a ternura paterna, a empolgá-lo de mimos.

Não frequentaria qualquer educandário, a fim de não aturar professores austeros ou sofrer a influência de colegas que não lhe respirassem o mesmo nível; alfabetizado, assim, no reduto doméstico, apreciaria unicamente os assuntos e heróis de ficção que o genitor lhe escolhesse.

Isolar-se-ia de todo contato humano para não arrostar problemas e desconheceria todo o noticiário ambiente para não recolher informações que lhe desfigurassem a suavidade da vida interior.

Candura inviolável e ignorância completa.

Santa inocência e inaptidão absoluta.

Chega, porém, o dia em que o progenitor, naturalmente vinculado a interesses outros, se ausenta compulsoriamente do lar e, tangido pela necessidade, o moço é obrigado a entrar na corrente da vida comum.

Homem feito, sofre o conflito da readaptação, que lhe rasga a carne e a alma, para que se lhe recupere o tempo perdido e o filho acaba enxergando insânia e crueldade onde o pai supunha cultivar preservação e carinho.

A imagem ilustra claramente a necessidade da encarnação e da reencarnação do Espírito nos mundos inumeráveis da imensidade cósmica, de maneira a que se lhe apurem as qualidades e se lhe institua a responsabilidade na consciência.

Dificuldades e lutas semelham materiais didáticos na escola ou andaimes na construção; amealhada a cultura ou levantado o edifício, desaparecem uns e outros.

Abençoemos, pois, as disciplinas e as provas com que a Infinita Sabedoria nos acrisolam as forças, enrijando-nos o caráter.

Ingenuidade é predicado encantador na personalidade, mas se o trabalho não a transfigura em tesouro de experiência, laboriosamente adquirido, não passará de flor preciosa a confundir-se no pó da terra, ao primeiro golpe de vento.

EMMANUEL

CORAGEM

capítulo 35

PARA LIBERTAR-NOS

A preguiça conserva a cabeça desocupada e as mãos ociosas.

A cabeça desocupada e as mãos ociosas encontram a desordem.

A desordem cai no tempo sem disciplina.

O tempo sem disciplina vai para a invigilância.

A invigilância patrocina a conversação sem proveito.

A conversação sem proveito entretece as sombras da cegueira de espírito.

A cegueira de espírito promove o desequilíbrio.

O desequilíbrio atrai o orgulho.

O orgulho alimenta a vaidade.

A vaidade agrava a preguiça.

* * *

Como é fácil de perceber, a preguiça é suscetível de desencadear todos os males, qual a treva que é capaz de induzir a todos os erros.

* * *

Compreendamos, assim, que obsessão, loucura, pessimismo, delinquência ou enfermidade podem aparecer por autênticas fecundações da ociosidade, intoxicando a mente e arruinando a vida.

E reconheçamos, de igual modo, que o primeiro passo para libertar-nos da inércia será sempre: trabalhar.

EMMANUEL

CORAGEM

capítulo 36

NOSSO GRUPO

Nosso grupo de trabalho espírita-cristão, em verdade, assemelha-se ao campo consagrado à lavoura comum.

Almas em pranto que o procuram simbolizam terrenos alagadiços que nos cabe drenar proveitosamente.

Observadores agressivos e rudes são espinheiros magnéticos que devemos remover sem alarde.

Frequentadores enquistados na ociosidade mental constituem gleba seca que nos compete irrigar com carinho.

Criaturas de boa índole, mas vacilantes na fé, expressam erva frágil que nos pede socorro até que o tempo as favoreça.

Confrades irritadiços, padecendo melindres pessoais infindáveis, são os arbustos carcomidos por vermes de feio aspecto.

Irmãos sonhadores, eficientes nas ideias e negativos na ação, representam flores improdutivas.

Pedinchões inveterados, que nunca movem os braços nas boas obras, afiguram-se-nos folhagem estéril que precisamos suportar com paciência.

Amigos dedicados ao mexerico e ao sarcasmo são pássaros arrasadores que prejudicam a sementeira.

O companheiro, porém, que traz consigo o coração, para servir, é o semeador que sai com Jesus a semear, ajudando incessantemente a execução do Plano Divino e preparando a seara do Amor e da Sabedoria, em favor da Humanidade, no Futuro Melhor.

ANDRÉ LUIZ

CORAGEM

capítulo 37

ORAMOS

Senhor!

Não te pedimos a isenção das provas necessárias, mas apelamos para tua misericórdia, a fim de que as nossas forças consigam superá-las. Não te rogamos a supressão dos problemas que nos afligem a estrada; no entanto, esperamos o apoio de teu amor, para que lhes confiramos a devida solução com base em nosso próprio esforço.

Não te solicitamos o afastamento dos adversários que nos entravam o passo e obscureçam o caminho; todavia, contamos com o teu amparo de modo que aprendamos a acatá-los, aproveitando-lhes o concurso.

Não te imploramos imunidades contra as desilusões que porventura nos firam, mas exoramos o teu auxílio a fim de que lhes aceitemos sem rebeldia a função edificante e libertadora.

Não te suplicamos para que se nos livre o coração de penas e lágrimas; contudo, rogamos à tua benevolência para que venhamos a sobrestar-lhes o amargor, assimilando-lhes as lições!...

Senhor, que saibamos agradecer a tua proteção e a tua bondade nas horas de alegria e de triunfo; entretanto, que nos dias de aflição e de fracasso, possamos sentir conosco a luz de tua vigilância e de tua bênção!...

EMMANUEL

CORAGEM

capítulo 38

NOTA ESPÍRITA

Afirmas-te, tanta vez, sem dinheiro e que, por isso, não podes auxiliar.

Que ingratidão, ante a generosidade da vida!

Dizes que te faltam recursos para aliviar o doente e tuas mãos podem balsamizar-lhe as feridas.

Proclamas que não dispões de finança para escorar um amigo alienado mental, em tratamento no sanatório, e, com teus olhos e ouvidos, conservas a possibilidade de transformar em valores de bem o mal que enxergues ou escutes, imunizando muita gente contra a loucura.

Asseveras que não reténs os meios precisos para garantir a instrução de um companheiro na escola e possuis a palavra por instrumento de luz, capaz de rechaçar desentendimentos e sombras.

Alegas que não consegues remunerar o trabalhador habilitado a socorrer-te o trato de solo e deténs contigo o poder de plantar a semente e assegurar a limpeza da fonte.

Trabalho inteligente é privilégio que a vida te confiou.

Os Espíritos Angélicos são realmente ministros de Deus que brilham nos Céus e fazem prodígios, executando tarefas gloriosas.

Não olvides, porém, que, a despeito de tuas falhas e imperfeições, em te confrontando com eles, junto de nossos irmãos da Terra, se quiseres servir, podes fazer muito mais.

ALBINO TEIXEIRA

CORAGEM

capítulo 39

DEPRESSÕES

Se trazes o espírito agoniado por sensações de pessimismo e tristeza, concede ligeira pausa a ti mesmo, no capítulo das próprias aflições, a fim de raciocinar.

* * *

Se alguém te ofendeu, desculpa.

Se feriste alguém, reconsidera a própria atitude.

Contratempos do mundo estarão constantemente no mundo, onde estiveres.

Parentes difíceis repontam de todo núcleo familiar.

Trabalho é lei do Universo.

Disciplina é alicerce da educação.

Circunstâncias constrangedoras assemelham-se a nuvens que aparecem no firmamento de qualquer clima.

Incompreensões com relação a caminhos e decisões que se adote são empeços e desafios, na experiência de quantos desejem equilíbrio e trabalho.

Agradar a todos, ao mesmo tempo, é realização impossível.

Separações e renovações representam imperativos inevitáveis do progresso espiritual.

Mudanças equivalem a tratamento da alma, para os ajustes e reajustes necessários à vida.

Conflitos íntimos atingem toda criatura que aspire a elevar-se.

Fracassos de hoje são lições para os acertos de amanhã.

Problemas enxameiam a existência de todos aqueles que não se acomodam com estagnação.

* * *

Compreendendo a realidade de toda pessoa que anseie por felicidade e paz, aperfeiçoamento e renovação, toda vez que sugestões de desânimo nos visitem a alma, retifiquemos em nós o que deva ser corrigido e, abraçando o trabalho que a vida nos deu a realizar, prossigamos à frente.

EMMANUEL

capítulo 40

CONTRATEMPOS

Diante de quaisquer contratempos, pensa no bem.

* * *

O trabalho estafante...

Será ele a providência que te habilita à vitória contra o assédio de perturbações que te espreitam a estrada.

* * *

O encontro perdido...

Semelhante contrariedade decerto apareceu, em tua defesa própria.

* * *

A realização adiada...

A procrastinação de teus desejos estará funcionando, em teu benefício, para que não entres em determinados compromissos fora de tempo.

* * *

A viagem desfeita...

O plano frustrado, provavelmente, é o recurso com que se te garante o equilíbrio.

* * *

O carro enguiçado...

O incidente desagradável é o processo de forrar-te contra acidentes possíveis.

* * *

O mal-estar orgânico...

A enfermidade menor haverá surgido, a fim de induzir-te a tratamento inadiável.

* * *

A afeição que se afasta...

A separação vale por cirurgia no campo da alma, muita vez, resguardando-te a paz e a segurança.

* * *

A morte no lar...

A despedida de um ente querido, quase sempre, procede da Misericórdia do Senhor, no sentido de evitar sofrimentos maiores para aquele que parte, tanto quanto para aqueles que ficam.

* * *

Diante de qualquer obstáculo, reflete no bem, porque no curso de todas as circunstâncias, por trás dos contratempos da vida, a Bondade de Deus jaz oculta.

EMMANUEL

capítulo 41

CONFRONTO

Nos temas do plano físico:

projeto que não se constrói;

terra desempregada;

livro que ninguém lê;

receita escondida;

carro sem uso...

São valores potenciais, cuja significação desconhecemos.

* * *

Igualmente, nos assuntos do Espírito:

amor sem demonstração;

fé sem obras;

instrução sem proveito;

ideal sem trabalho;

entusiasmo inerte...

Assemelham-se a aparelhos e máquinas de cultura e progresso, cuja importância ninguém sabe.

* * *

Estas imagens nos fazem reconhecer que sem a necessária aplicação nos acertos e desacertos, ilusões e desilusões, conquistas e fracassos do dia a dia, o conhecimento espírita não passa de sonho distante – mas muito distante –, do campo inevitável da experiência.

ALBINO TEIXEIRA

CORAGEM

capítulo 42

PASSO DE LUZ

Nas tribulações ou discórdias que nos agravem os problemas da vida, recordemos a necessidade de certo donativo, talvez dos mais difíceis na beneficência da alma: – o primeiro passo para o reajuste da harmonia e da segurança.

Isso significa para nós um tanto mais de amor, ainda mesmo quando nos vejamos ilhados no espinheiro vibratório da incompreensão.

* * *

Por vezes, é o lar em tumulto reclamando a tranquilidade, à face do desentendimento entre criaturas queridas.

Noutras circunstâncias, são companheiros respeitáveis, em conflito uns com os outros.

Em algumas situações, é o estopim curto da agressividade exagerada nesse ou naquele amigo, favorecendo a explosão da violência.

Em muitos lances do caminho, é o sofrimento de algum coração brioso e nobre, mas ainda tisnado pelo orgulho a ferir-se.

Nessas horas, quando a sombra se nos estende à vida, em forma de perturbação ou desafio a lutas maiores, bem-aventurados sejam todos aqueles que se decidam ao primeiro passo da benevolência e da humildade, da tolerância e do perdão, auxiliando-nos na recomposição do caminho.

* * *

Onde estiveres, com quem seja, em qualquer tempo e tanto quanto puderes, dá de ti mesmo esse acréscimo de bondade, recordando o acréscimo de misericórdia, que todos recebemos de Deus, a cada trecho da vida.

* * *

Alguém nos injuria?

Suportar com mais paciência.

Aparece quem nos aflija?

Disciplinar-nos sempre mais na compreensão das lutas alheias.

Surgem prejuízos?

Trabalhar com mais vigor.

Condenações contra nós?

Abençoar e servir constantemente.

* * *

Em todas as situações, nas quais o mal entreteça desequilíbrio, tenhamos a coragem do primeiro passo, em que a serenidade e o amor, a

humildade e a paciência nos garantam
de novo a harmonia do Bem.

EMMANUEL

CORAGEM

capítulo 43

CORPO E ALMA

Atentos ao imperativo da elevação espiritual, convém destacar tanto as necessidades do corpo, quanto as da alma...

* * *

Procuras odontólogos distintos para o tratamento dentário.

Urge ao mesmo tempo, aprimorar a palavra a fim de que o verbo não se nos faça azorrague na boca.

* * *

Consultas oculistas e otorrinos diversos para retificar os desequilíbrios dos olhos e dos ouvidos.

Nas mesmas condições é forçoso aprender a ouvir e ver construtivamente para que o mal não nos destrua as plantações de concórdia e esperança.

* * *

Buscas o ortopedista para socorro aos pés quando desajustados.

Imperioso igualmente orientar os próprios passos na direção do bem.

* * *

Solicitas amparo ao cardiologista para sanar desacertos do campo circulatório.

De igual modo é preciso sublimar os impulsos do coração.

* * *

Contratas o serviço especializado de costureiras e alfaiates para que te assegurem a apresentação pessoal no nível adequando à distinção e à limpeza.

Necessário da mesma sorte, que venhamos a aperfeiçoar expressões e maneiras no trato com os outros.

* * *

O zelo devido às situações e aparências do corpo é igualmente aplicável aos empeços e problemas da alma se nos propomos construir a própria felicidade.

Compreendamos que liquidar manifestações de cólera ou rudeza, crueldade ou impertinência, será sempre trabalho de controle e de educação.

EMMANUEL

capítulo 44

NA HORA DA PACIÊNCIA

Quando os acontecimentos surjam convulsionados compelindo-te a seguir para a frente, como se estivesses sob tormenta de fogo...

Quando a manifestação da crueldade te faça estremecer de sofrimento...

Quando o assalto das trevas te deixe as forças transidas de aflição...

Quando o golpe em teu prejuízo haja partido das criaturas a que mais te afeiçoas...

Quando a provação apareça, a fim de demorar-se longo tempo contigo, em função de doloroso burilamento...

Quando a ignorância te desafie, ameaçando-te o trabalho...

Quando o afastamento de amigos queridos te imponha solidão e desencanto...

Quando contratempos e desarmonias no lar te forcem a complicadas travessias de angústia...

Quando a tentação te induza à revolta e revide, na hora em que a injúria te cruze os passos...

Quando, enfim, todas as tuas ideias e aspirações alusivas ao bem se mostrem supostamente asfixiadas pela influência transitória do mal...

Então haverás chegado ao teste mais importante do cotidiano, a configurar-se no testemunho da paciência.

Saberás desculpar e abençoar, agir e construir em paz nessa preciosa quão difícil oportunidade de elevação, que a experiência te aponta à frente.

E não digas que a serenidade expresse fraqueza, ante os cultores da violência, qual se não tivesses brio para a reação necessária, porque é preciso muito mais combatividade interior para dominar-se alguém ao colher ofensas e esquecê-las do que para assacá-las ou devolvê-las, em detrimento do próximo.

Capacitemo-nos de que entre agredir e suportar, o equilíbrio e a força de espírito residem com a paciência sempre capaz de aguentar e compreender, servir e recomeçar, incessantemente, o trabalho do bem nas bases do amor para que a vida permaneça, sem qualquer solução de continuidade, em luminosa e constante ascensão.

EMMANUEL

CORAGEM

capítulo 45

PENSAMENTO ESPÍRITA

Qualquer de nós,

quando não desculpe agravos recebidos;

quando não se coloque no lugar do ofensor para sentir-lhe as tentações e justificar-lhe, de algum modo, as fraquezas;

quando não pronuncie sequer uma frase de tolerância para com as faltas alheias;

quando se disponha a louvar exclusivamente os amigos, sem ver as qualidades nobres dos adversários;

quando retribui vergastada por vergastada ou prejuízo por prejuízo;

quando conserve rancor ou ressentimento contra a pessoa de alguém;

quando não encontre motivos para o exercício da benevolência e da paz;

quando nada faça para desfazer incompreensões e aversões;

quando critique ou injurie;

qualquer de nós que adote semelhante comportamento está desconhecendo a própria natureza e tornando-se, com isso, mais profundamente suscetível à influência do mal, requisitando, em regime de urgência, o apoio da simpatia e o amparo da oração.

ALBINO TEIXEIRA

CORAGEM

capítulo 46

VOTO ESPÍRITA

O espírita é alguém que assegura a si mesmo ser efetivamente:

tão confiante nas Leis Divinas que jamais se confia à desesperação, por mais agudo lhe seja o sofrimento;

tão otimista que nunca perde a coragem, nos embaraços de que se vê defrontado, aguardando o melhor e fazendo o melhor que pode nas atividades do dia a dia;

tão diligente que jamais abandona o trabalho, ainda mesmo quando lucros ou perdas o induzam a isso;

tão compreensivo que facilmente descobre os meios de justificar as faltas do próximo;

tão firme nos ideais edificantes que, em circunstância alguma, surpreende motivos para cair em desânimo;

tão sereno que não se afasta da paciência, sejam quais forem os sucessos desagradáveis;

tão conhecedor das próprias fraquezas que não encontra

oportunidade ou inclinação para registar as fraquezas dos outros;

tão estudioso que não perde o mínimo ensejo para a aquisição de novos conhecimentos;

tão realista que não alimenta qualquer ilusão a seu próprio respeito, aceitando-se hoje imperfeito ou desajustado, como talvez seja, mas sempre envidando esforço máximo para ser amanhã como deve ser;

tão entusiasmado ante a Criação e a Vida Eterna que jamais permite venham dificuldades ou provações solapar-lhe a alegria de viver ou obscurecer-lhe o dom de servir.

* * *

O espírita, enfim, é alguém ciente de que Deus está ao lado de todos, mas procura firmar-se, sentir, pensar e agir, incessantemente, ao lado de Deus.

ALBINO TEIXEIRA

capítulo 47

RENOVAÇÃO E PREPARAÇÃO

O homem na Terra:

prepara-se, através do ensino, para conseguir atestados de competência;

organiza medidas adequadas para assegurar a eficiência administrativa;

planifica a economia;

imuniza-se contra doenças;

dirige realizações.

Garantindo-nos contra aflições destrutivas e inúteis, urge

arregimentar as próprias forças para sabermos facear as renovações que a vida nos apresenta.

* * *

Enquanto no mundo físico, aspiraríamos a ver nossos filhos detidos, de modo permanente, no encanto verde da infância, mas é preciso adestrar-nos em experiência, a fim de observá-los adultos, com as provas e tarefas que hajam trazido à reencarnação.

Ante as promessas de felicidade no casamento, quando na edificação conjugal, desejaríamos eternizar-lhe as alegrias do início, todavia, é forçoso acolher sem alarme as lutas e deveres que nos são impostos pelo instituto familiar.

* * *

Estimaríamos manter inalteráveis as nossas afeições, entretanto, a obra da evolução e o esforço de resgate variam de criatura para criatura, compelindo-nos, muitas vezes, a separações transitórias e necessárias.

* * *

Insurgimo-nos, habitualmente, contra a desencarnação de pessoas queridas, no entanto, segundo as leis que nos regem na Terra, a saída do carro físico é diferente para cada um, em particular.

* * *

Compreendamos que as nossas telas de serviço se modificam, de maneira constante, e atendamos às transformações da existência com espírito de aceitação e serenidade.

Para isso, é preciso estejamos vivendo prontos a servir, como e onde estivermos, reconhecendo que Deus, pelo mecanismo das circunstâncias, nos oferece invariavelmente todos os recursos de que necessitamos e, quanto ao que possamos receber, nos dá sempre o melhor.

EMMANUEL

capítulo 48

HORA DIFÍCIL

Os amigos espirituais auxiliam aos companheiros encarnados na Terra, em toda parte e sempre. Sobretudo, com alicerces na inspiração e no concurso indireto. Serviço no bem do próximo, todavia, será para todos eles o veículo essencial. Contato fraterno por tomada de ligação.

* * *

Suportarás determinadas tarefas sacrificiais com paciência e, através daqueles que se te beneficiam do esforço, os Mensageiros da Vida Superior te estenderão apoio imprevisto.

Darás tua contribuição no trabalho espontâneo, em campanhas diversas, a favor dos necessitados, e, pelos irmãos que te cercam, oferecer-te-ão esperança e alegria.

Visitarás o doente e, utilizando o próprio doente, renovar-te-ão as ideias.

Socorrerás os menos felizes, e, por intermédio daqueles que se lhes vinculam à provação e à existência, dar-te-ão bondade e simpatia.

Ajudarás a criança desprotegida e, mobilizando quantos se lhe interessam pelo destino, descerrar-te-ão vantagens inesperadas.

Desculparás ofensas recebidas e, servindo-se dos próprios beneficiários de tua generosidade e tolerância, surpreender-te-ão com facilidades e bênçãos a te enriquecerem as horas.

* * *

Permaneça o tarefeiro na tarefa que lhe cabe e os Emissários do Senhor encontrarão sempre meios de lhe prestarem assistência e cooperação. Entretanto, eles também, os Doadores da Luz, sofrem, por vezes, a intromissão da hora difícil. Quando o obreiro se deixa invadir pelo desânimo, eis que os processos de intercâmbio entram em perturbação e colapso, de vez que, entorpecida a vontade, o trabalhador descamba para a inércia e a inércia, onde esteja, cerra os canais do auxílio, instalando o deserto espiritual.

EMMANUEL

capítulo 49

O QUE IMPORTA

Não importa:

que a ventania da incompreensão nos zurza o caminho;

que a ignorância nos apedreje;

que a injúria nos aponte ao descrédito;

que a maledicência nos receba a jorros de lama;

que a intriga nos envolva em sombra;

que a perseguição nos golpeie;

que a crítica arme inquisições para condenar-nos;

que os obstáculos se multipliquem, complicando-nos a jornada;

que a mudança de outrem nos relegue ao abandono;

ou que as trevas conspirem incessantemente, no objetivo de perder-nos.

Importa nos agasalhemos na paciência; que nos apliquemos à desculpa incondicional; que nos resguardemos na humildade, observando que só temos e conseguimos aquilo que a Divina Providência nos empreste ou nos permita realizar; que nos cabe responder ao mal com o bem, sejam como sejam as circunstâncias; e que devemos aceitar a verdade de que cada coração permanece no lugar em que se coloca e que, por isso mesmo, devemos, acima de tudo, conservar a consciência tranquila, trabalhar sempre e abençoar a todos, procurando reconhecer que todos somos de Deus e todos estamos em Deus, cujas Leis nos julgarão a todos, amanhã e sempre, segundo as nossas próprias obras.

EMMANUEL

CORAGEM

capítulo 50

AGRADECEMOS

Senhor Jesus!

Nós te agradecemos:

pela coragem de facear as dificuldades criadas por nós mesmos;

pelas provas que nos aperfeiçoam o raciocínio e nos abrandam o coração;

pela fé na imortalidade;

pelo privilégio de servir;

pelo dom de saber que somos responsáveis pelas próprias ações;

pelos recursos nutrientes e curativos que trazemos em nós;

pelo reconforto de reconhecer que a nossa felicidade tem o tamanho da felicidade que fizermos para os outros;

pelo discernimento que nos permite diferençar aquilo que nos é útil daquilo que não nos serve;

pelo amparo da afeição no qual nossas vidas se alimentam em permuta constante;

pela bênção da oração que nos faculta apoio interior para a solução de nossos problemas;

pela tranquilidade de consciência que ninguém nos pode subtrair...

Por tudo isso, e por todos os demais tesouros de esperança e amor, alegria e paz de que nos enriqueces a existência, sê bendito, Senhor, ao mesmo tempo que te louvamos a Infinita Misericórdia, hoje e para sempre.

EMMANUEL

CORAGEM

ÍNDICE GERAL[1]

Aflição
caminhada sem * e
sem medo – 16

Ajuste
mudança para * e
reajuste – 39

Alvorada
começo da * nova – 4

Amor
conservação do * no
coração – 5
doentes e enfermidades – 17

Aperfeiçoamento espiritual
promoção – 13

Auxílio
privilégio de * e
bênção – 16
privilégio de * e
trabalho – 20

Bem
construção – 7
extermínio das
sementeiras – 28
plantio do * ou do mal – 31
trabalho incessante – 10

Benevolência
primeiro passo da * e da
humildade – 42

Bom ânimo
decálogo – 8

Caridade
considerações – 9
emudecimento das
contradições – 9
Parábola do Bom
Samaritano – 18, 23

Cólera
raio mortal – 28

---

1 N.E.: Remete ao capítulo.

Compreensão
exercício da * e auxílio – 14

Confronto
conhecimento espírita – 41
valores potenciais desconhecidos – 41

Consciência
disposição da paz – 15
importância da * tranquila – 49

Contato humano
isolamento – 34

Contratempo
Bondade de Deus – 40
trabalho estafante – 40

Coragem
concessão de * para o silêncio – 21
primeiro passo – 42

Corpo
necessidades do * e da alma – 43

Criador *ver* **Deus**

Criança
ajuda à * desprotegida – 48

Cristão
fuga ao contato com o mundo – 29

Crítica
alegria na *, cárcere de perturbação – 10
fuga exclusiva – 12
respeito no campo – 12

Cruz(es)
amor às * pesadas e espinhosas – 22

Cura
cooperação com os instrumentos – 25

Deus
amor no tempo – 5
bênção – 6, 25
condições para recolhimento das mensagens – 24
confiança – 6
crença – 16
devotamento afetivo – 11
encontro – 6
lembrança dos talentos com que * te enobrece o sentimento – 32

respostas de * às
necessidades e petições – 24
sustentação de * na Seara
do Bem – 19

Dificuldade(s)
estímulo necessário – 4
importância das * e
lutas – 34

Disciplina(s)
alicerce da educação – 39
bênçãos às * e provas – 34

Dívida
carga dolorosa – 3

Divino
Mestre *ver* **Jesus**

Doença
imunização contra a *
da alma –21

Dom(ns)
desenvolvimento ao
infinito – 20

Egoísmo
almas cadaverizadas no * e
na rebelião – 32

Encarnação
necessidade da * e da
reencarnação – 34

Espírita
chamamento – 7
confiança nas Leis
Divinas – 46
virtudes – 46

Espírito Angélico
Ministro do Eterno – 20

Eterno *ver* **Deus**

Família
formação – 11

Fé
agradecimento pela * na
imortalidade – 50
problemas – 11

Felicidade
anseio por * e paz – 39
caminho para a
verdadeira – 13
colheita da * própria – 5
construção – 43
serviço na edificação – 12

Ferida
bálsamo na * dos
caídos – 31

Filho
provas e tarefas trazidas à
reencarnação – 47

Frase(s)
análise – 31
seleção de * revestidas
de bondade e
entendimento – 31

Fraternidade
acolhimento no clima – 17

Harmonia
reajuste da * e da
segurança – 42

Homem
renovação e preparação – 47

Imaginação
domicílio – 10

**Infinita
Sabedoria** *ver* **Deus**

Inércia
primeiro passo para
libertação – 35

Ingenuidade
tesouro de experiência – 34

Inimigo(s)
aceitação de * à conta de
irmãos – 16

Jesus
agradecimentos – 50
confiança na regeneração
dos homens – 29
ensinamento – 10,
11, 16, 18
Parábola do Bom
Samaritano – 18
redenção do mundo – 29
semeador que sai com * a
semear – 36

Lágrima
única presença da * no
coração – 26

Lar
afastamento – 22
morte no *, Misericórdia
Divina – 40

Lição
fracasso de hoje, * de
amanhã – 39

Mal(es)
existência – 2
importância dos * pequenos – 2
plantio do * ou do bem – 31
suscetibilidade à influência – 45

Mensageiro Divino *ver* Jesus

Mente
fuga da própria – 15
residência – 10

Misericórdia
fixação da * no coração – 18

Moral
configuração de nosso retrato – 31

Morte
definição – 32

Natureza
analisa as forças vivas – 32

Ofensa
esquecimento – 44

Oração
agradecimento pela bênção – 50
luz de vigilância e de bênção – 37

Obstáculo(s)
comunicação dos * aos corações amigos – 15

Paciência
cultivo – 3
importância no agasalhamento – 49
testemunho – 44

Pai Supremo *ver* Deus

Palavra
importância da * na vida – 31
instrumento de luz – 38
transubstanciação da * em clarão e bênção – 5

Parábola do Bom Samaritano
considerações – 23
exercício da caridade – 23
Jesus – 18
utilização da * na vida íntima – 23

ÍNDICE GERAL

Paulo, o Apóstolo
recordação da palavra — 33

Paz
culto à * de consciência — 12

Pensamento
projeção — 10

Perfeição
exigência — 15

Perturbação
processos de intercâmbio entram em * e colapso — 48

Pessimismo
anúncio — 16

Poder
agasalho de nosso Espírito — 10

Purificação
burilamento — 22

Prece *ver também* **Oração**
benefício — 2
lugar íntimo para o serviço — 24
silêncio interior — 24

Preguiça
desencadeamento de todos os males — 35

Problema
ingrediente de evolução — 15

Provação(ões)
aniquilamento da criatura — 2
aperfeiçoamento da experiência — 4
escola — 1
expressões — 2

Queixa
minuto perdido — 4

Raio mortal
ausência de vigilância interior — 28
cólera — 28

Reajuste
infinitas possibilidades — 30

Reencarnação
necessidade da * e da encarnação — 34

Responsabilidade
auxílio na construção – 12

Revolta
labirinto da * e da desesperação – 16

Seara do Bem
sustentação de Deus – 19

Senhor ver **Deus**

Serviço
abraço ao * infatigável aos semelhantes – 10

Simpatia
apoio da * e amparo da oração – 45

Socorro
mortos dignos de * e de piedade – 32

Sofrimento
sucata do * humano – 1

Tarefa
recapitulação – 22

Tarefa espírita
colaboração – 7

Tédio
entrevista – 1
escola da caridade – 1

Tempero
misericórdia – 9

Tempo
valorização – 30

Terra
absorção dos recursos da * sem retribuição – 32
auxílio aos companheiros encarnados – 48
escola multimilenária – 4
localização – 20

Trabalho
contribuição no * espontâneo – 48
fonte de alegria – 5
mais precioso lugar – 27
momento de * e serviço – 14
perseverança – 19
privilégio de * e auxílio – 20
privilégio do * inteligente – 38
prodígio da vida – 19
sustentação fiel – 12

Trabalho espírita-cristão
campo consagrado à lavoura comum – 36

Tranquilidade
base de nossa – 30

Tristeza
tipos – 21

Verbo
espelho que reflete a personalidade – 31

Verdade
importância da aceitação – 49

Vida
definição – 32

BIOGRAFIA DE
CHICO XAVIER

Um dos mais destacados expoentes da cultura brasileira do século XX, Chico Xavier nasceu em 1910 e, desde os 5 anos, começou a ver e ouvir os Espíritos, tendo estabelecido com eles um relacionamento que deu resultado à publicação de mais de 400 obras.

Esse intenso trabalho foi interrompido apenas em 2002, ano de sua desencarnação, e resultou em um acervo de diversos gêneros literários, como poemas, contos, crônicas, romances, obras de caráter científico, filosófico e religioso.

Testemunhando qualidade literária extraordinária, as obras de Chico Xavier são um autêntico sucesso editorial e já alcançaram mais de 25 milhões de exemplares somente em língua portuguesa. Muitos de seus livros são *best-sellers* indiscutíveis, inspirando a produção de filmes, peças de teatro, programas e novelas de televisão.

De personalidade bondosa, nosso querido Chico sempre se dedicou ao auxílio dos mais necessitados; o trabalho em benefício do próximo possibilitou ao médium a indicação, por mais de 10 milhões de pessoas, ao Prêmio Nobel da Paz de 1981. No ano de 2012, Francisco Cândido Xavier foi eleito "O maior brasileiro de todos os tempos", em evento realizado pelo Sistema Brasileiro de Televisão (SBT).

www.febeditora.com.br
@febeditoraoficial
@febeditora

Conselho Editorial:
Carlos Roberto Campetti
Cirne Ferreira de Araújo
Evandro Noleto Bezerra
Geraldo Campetti Sobrinho — Coord. Editorial
Jorge Godinho Barreto Nery — Presidente
Maria de Lourdes Pereira de Oliveira
Miriam Lúcia Herrera Masotti Dusi

Produção Editorial:
Elizabete de Jesus Moreira
Luciana Vecchi M. Cunha

Revisão:
Wagna da Silva Carvalho

Capa, Projeto Gráfico e Diagramação:
César Oliveira

Foto de Capa:
Acervo público | pexels.com

Normalização Técnica:
Biblioteca de Obras Raras e Documentos Patrimoniais do Livro

Esta edição foi impressa pela Ipsis Gráfica e Editora S.A., Santo André, SP, com tiragem de 7,5 mil exemplares, todos em formato fechado de 100x130 mm e com mancha de 66x104 mm. Os papéis utilizados foram o Off white 70 g/m² para o miolo e o revestimento Couchê fosco 150 g/m² para a capa dura. O texto principal foi composto em Perpetua 14/18 e os títulos em LT Oksana 18/23. Miolo em PANTONE P124-6 U. Impresso no Brasil. *Presita en Brazilo.*